Dinâmicas lúdicas para os programas de ginástica laboral

Dados Internacionais de Catalogação na Publicação (CIP)
(Câmara Brasileira do Livro, SP, Brasil)

Tanil, Andréa S. Frangakis
  Dinâmicas lúdicas para os programas de ginástica laboral : + 7 dicas especiais de como preparar suas próprias dinâmicas / Andréa S. Frangakis Tanil. – Petrópolis, RJ : Vozes, 2013.

  Bibliografia
  ISBN 978-85-326-4535-7

  1. Dinâmicas lúdicas 2. Educação física
  3. Ginástica 4. Trabalhadores – Educação física
  I. Título.

13-01725   CDD-613.71088

Índices para catálogo sistemático:
  1. Ginástica laboral : Dinâmicas lúdicas : Educação física   613.71088

Andréa S. Frangakis Tanil

Dinâmicas lúdicas para os programas de ginástica laboral

+ 7 dicas especiais de como preparar suas próprias dinâmicas

Petrópolis

© 2013, Editora Vozes Ltda.
Rua Frei Luís, 100
25689-900 Petrópolis, RJ
Internet: http://www.vozes.com.br
Brasil

Todos os direitos reservados. Nenhuma parte desta obra poderá ser reproduzida ou transmitida por qualquer forma e/ou quaisquer meios (eletrônico ou mecânico, incluindo fotocópia e gravação) ou arquivada em qualquer sistema ou banco de dados sem permissão escrita da editora.

Diretor editorial
Frei Antônio Moser

Editores
Aline dos Santos Carneiro
José Maria da Silva
Lídio Peretti
Marilac Loraine Oleniki

Secretário executivo
João Batista Kreuch

Editoração: Rachel Fernandes
Projeto gráfico: Victor Mauricio Bello
Capa: Graph-it
Ilustrações do miolo: Marcelo Silva de Souza

ISBN 978-85-326-4535-7

Editado conforme o novo acordo ortográfico.

Este livro foi composto e impresso pela Editora Vozes Ltda.

Para minha família que tanto amo, para minha vovó Nicéia, que acompanha e ilumina minha jornada, e para todas as pessoas que acreditaram no meu trabalho e que se uniram a mim na criação e recriação de vários momentos lúdicos corporativos.

Sumário

Créditos, 9
Curiosidades, 11
Apresentação, 13
Semeando vínculos e amizades, 17
Como utilizar o livro, 21

PARTE I. CONCEITOS E ARGUMENTAÇÕES, 23
1 Um pouco sobre a ginástica laboral, 25
2 O lúdico, 27
3 Brincar, 29
4 Adulto brincante, 35
5 Dinâmicas lúdicas para a ginástica laboral, 39
Características gerais, 41

PARTE II. AGORA VAMOS ÀS DINÂMICAS – BOA LEITURA E BOM
DIVERTIMENTO!, 43
1 Dinâmicas lúdicas para o dia a dia, 45
2 Dinâmicas lúdicas para datas comemorativas, 75
3 Agora é com vocês!, 89

Anexos, 91
Referências, 95

Créditos

Agradeço e dedico os créditos aos meus alunos e parceiros de trabalho que durante minha jornada profissional e acadêmica, nos cursos de ginástica laboral, ajudaram-me a criar, recriar, ressignificar as dinâmicas aplicadas e contribuíram principalmente com a produção de novas dinâmicas em nossas técnicas de aula.

Parabéns aos construtores de um mundo corporativo mais lúdico e feliz.

Curiosidades

Este livro possui 34 dinâmicas, e você sabe por quê? Sabendo que um ano possui 12 meses, ofereço para vocês a possibilidade de aplicar uma dinâmica quinzenalmente. Levando em consideração as datas comemorativas, acrescentei mais 10 dinâmicas temáticas, totalizando 34 dinâmicas.

Lembrando que muitas dinâmicas são inspiradas nas brincadeiras infantis ou aplicadas nas atividades de recreação nesta obra, algumas delas sofreram adaptações necessárias para serem realizadas nos programas de ginástica laboral e para o ambiente corporativo.

Além das dinâmicas, vocês encontrarão mais 7 dicas de como elaborar suas próprias dinâmicas baseadas em suas reflexões, percepções e estudos. Vamos lá! Exercitem sua criatividade.

Compartilhem suas dinâmicas em nosso grupo no facebook e contribuam para o Universo Lúdico da ginástica laboral. Acesse o grupo lúdico empresarial e solicite sua participação.

Apresentação

Vocês não podem imaginar o quanto estou feliz escrevendo as primeiras linhas desta obra; sempre me imaginei escrevendo um livro. Quando lia meus livros infantis, imaginava várias histórias e sabia que um dia também iria escrever um... Algumas coisas mudaram, mas a emoção e a vontade permaneceram. Espero que apreciem a leitura e espero poder contribuir com vocês e com todos que, de alguma forma, irão receber esta obra.

Ela surgiu da experiência e da necessidade de criar e recriar dinâmicas lúdicas para os programas de ginástica laboral.

Para isso, contarei rapidamente um pouco da minha trajetória: Iniciei minha carreira profissional estagiando em programas de ginástica laboral, lá comecei a aprender a ministrar aulas e, principalmente, a contribuir para a transformação comportamental dos colaboradores.

Durante as experiências vivenciadas nessa trajetória concluí que um programa de ginástica laboral deve objetivar muito além da prática da atividade física; ele deve proporcionar a reeducação corporal, social e emocional dos colaboradores.

Nossa função dentro de uma empresa é a de quebrar paradigmas e proporcionar aos colaboradores a oportunidade de mudar seu estilo de vida sedentário para um estilo de vida mais saudável e ativo.

A partir daí começou a minha busca, queria ir além da transformação do colaborador em uma pessoa fisicamente ativa, queria torná-lo **ludicamente ativo**, ou seja, desejava que ele tivesse prazer ao participar das minhas aulas, prazer ao cuidar da sua saúde, prazer em conviver e relacionar-se e, principalmente, em aprender.

Minhas primeiras experiências com as dinâmicas lúdicas não foram muito positivas, não pelas dinâmicas propostas nos protocolos de aulas que recebia, mas por minha vergonha e medo de convidar adultos para "brincar". Não cabia dentro da minha realidade profissional a possibilidade de tirar um colaborador do seu local de trabalho, com roupas formais e sua rotina de trabalho, para participar de uma dinâmica lúdica, mesmo sabendo que isso geraria um resultado positivo para ele e para o grupo.

Ao invés de me entregar aos meus paradigmas e desistir, resolvi pesquisar, estudar e, principalmente, vivenciar. Foram muitas tentativas, até que pude delinear o ponto de equilíbrio entre o brincar e o trabalho.

O principal exercício que deixo como exemplo para vocês leitores é que registrem todos os seus resultados, suas percepções, seus erros e acertos. Reescrevam suas dinâmicas, revejam seus discursos para convidar e explicar as regras, caprichem nos materiais e encorajem-se, acreditem que BRINCAR É ESSENCIAL PARA A EXISTÊNCIA HUMANA.

É importante ressaltar que as dinâmicas contidas nesta obra já foram aplicadas com sucesso. Cabe a vocês leitores e profissionais lerem e transportá-las para as suas realidades, objetivos e público-alvo.

Fica aqui o meu agradecimento aos meus alunos e amigos que me incentivaram e cobraram por esta publicação. Espero que seja a primeira de muitas...

Beijos lúdicos,
Andréa S. Frangakis Tanil
(Teka)

Semeando vínculos
e amizades

"Nos programas de ginástica laboral temos um grande desafio diante das dimensões organizacionais que o programa está envolvido. Abordar temas como mudança de atitudes para um estilo de vida mais ativo e saudável, questões relativas à saúde física e psicológica em apenas alguns minutos é entendida como quase impossível para alguns executivos.

Porém, quando se aplica técnicas adequadas ao local de trabalho, baseadas em promoção da saúde, poucos minutos de exercícios físicos e dinâmicas lúdicas e educativas podem levar aos colaboradores a reflexão sobre sua capacitação e qualidade pessoal, motivação e comprometimento com seu bem-estar, com o outro e com o ambiente no qual estão inseridos.

Para lidar com a evolução que os programas de ginástica laboral necessitam sempre indico aos profissionais que se especializem em educação lúdica e dinâmica organizacional. E com a profissional de Educação Física Andréa Frangakis pude ver que é possível aplicar esta teoria na prática e que, por meio da preparação mais ampla dos profissionais, poderemos alcançar melhores resultados para as organizações e para os colaboradores que participam das atividades.

Atualmente, nos cursos de extensão universitária e pós-graduação que coordeno, é de suma importância para a especialização dos profissionais que querem atuar nessa área contarmos com a competência e comprometimento da Andréa nos módulos: Resgate do Lúdico no local de trabalho, Oficinas de Criatividade e Dinâmicas Corporativas.

Sinto-me uma profissional privilegiada pela honra de conhecê-la, admirá-la e aprender em meio à nossa convivência, como proporcionar momentos de lazer e transformação por meio das dinâmicas lúdicas".

Valquíria de Lima
Coordenadora do Curso de Pós-Graduação de Ginástica Laboral / Uni-FMU
Pesquisadora e autora de livros sobre Ginástica Laboral
Presidente da Associação Brasileira de Ginástica Laboral (ABGL)

◆ ◆ ◆

"Para mim é um privilégio poder falar dessa pessoa maravilhosa, profissional incrível, mãe dedicada e amiga para todas as horas.

Então vamos lá: em minha opinião, o trabalho é uma extensão da personalidade de uma pessoa. Acordar todos os dias pela manhã, cheio de disposição para enfrentar novos desafios e aprendizados, em busca de algo que acredita, é simplesmente maravilhoso. Para quem desfrutar dessa leitura e do conteúdo maravilhoso desta obra terá o prazer de conhecer um pouco da Teka, isso será maravilhoso.

Ih! Mas será que isso vai dar certo? Era o que eu me perguntava todas as vezes que ela, durante nossa parceria profissional, sugeria-me em uma nova abordagem. Eu, que sempre fui muito técnica, tenho fascínio pela ludicidade, facilidade com o engraçado, mas a brincadeira... o brincar descompromissado, sem ganhar nada, sem contexto concreto, parecia-me algo desafiador.

Só quando olhava a Teka demonstrando uma confiança impressionante, a de que sorrir e brincar faria toda a diferença na vida daqueles colaboradores, que eu tinha certeza que não teria como dar errado, seria SIM um momento especial.

Este livro vai trazer as respostas para todas as dúvidas: Sim, vai dar certo! Ser adulto e ainda poder brincar é maravilhoso!

Este será o primeiro de muitos dos seus sucessos, e poder escrever aqui este depoimento para a Andréa Frangakis é simplesmente fantástico".

Katherine Mello
Coordenadora de Núcleo de Esportes e Lazer
CEU Vila Formosa

◆ ◆ ◆

"O trabalho desenvolvido pela Andréa nas empresas é inspirador. Ao longo desses anos pude acompanhar a mudança que ocorre nos colaboradores que participam das atividades desenvolvidas por ela. Dona de um entusiasmo que nunca se esgota, ela contagia todas as pessoas próximas, com simplicidade, amor e a certeza de que suas atividades atingem a todos os envolvidos. Sua busca se mantém constante por excelência e, acima de tudo, por um mundo corporativo livre de estresse e mais lúdico. Obrigada por inspirar minha criatividade a cada dia".

Juliana Amparado Romero
Coordenadora de programas de Ginástica Laboral
da Supporte Educação & Saúde no Trabalho
Professora do Curso de Pós-Graduação de Ginástica Laboral / Uni-FMU

* * *

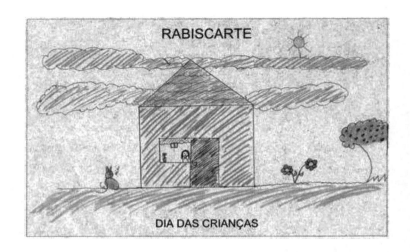

Dinâmica Rabiscarte, aplicada no departamento de auditoria de um banco, no Estado de São Paulo (2006).

Desenho produzido por um auditor no decorrer de uma dinâmica lúdica ministrada em comemoração ao Dia das Crianças. A proposta da atividade era desenhar sem tirar a caneta do papel. Deixo aqui algumas questões para reflexão: I) Será que ele não tirou a caneta do papel? II) Onde ele arrumou canetinha para colorir? Será que neste momento eu deveria parar a dinâmica e retomar as regras? III) Vocês acham que este colaborador alcançou o estado lúdico nesta atividade? IV) E, principalmente, será que conseguimos transformar parte do dia deste colaborador? Acreditem: brincar é essencial para o desenvolvimento humano e para as relações.

Como utilizar o livro

Este livro é composto por duas partes. A primeira parte traz para vocês alguns conceitos e justificativas importantes para a aplicação das dinâmicas lúdicas dentro dos programas de ginástica laboral; a segunda parte é composta de um repertório de dinâmicas lúdicas que durante minha experiência profissional e acadêmica tive o prazer de aplicar e compartilhar com meus alunos.

Toda vez que utilizarem este livro para buscar uma dinâmica para suas aulas lembrem-se de anotar suas percepções, as variações que surgirem, os resultados e, principalmente, se elas te remeteram à criação de uma nova dinâmica.

O ideal não é utilizá-lo como um repertório de dinâmicas para seus planejamentos anuais, mas como base para a análise e criação de suas dinâmicas. Não ignorem sua criatividade, exercitem sua capacidade de criar e recriar.

Todas as dinâmicas possuem a seguinte estrutura: nome da atividade, objetivos, materiais, desenvolvimento, refinamentos e cuidados, e abaixo de cada dinâmica ainda terá um espaço reservado para suas anotações.

Boa leitura, boa vivência e principalmente uma FELIZ criação!

Parte I

Conceitos e argumentações

Um pouco sobre a
ginástica laboral

Os programas de ginástica laboral já são uma realidade dentro do ambiente corporativo. Diversas empresas de diferentes segmentos já incluíram em suas rotinas de trabalho a aula de ginástica laboral, ministrada por profissionais qualificados e competentes para o exercício desta prática.

Como acontece com toda empresa de prestação de serviços, o mercado consumidor exige a todo o momento inovação, as empresas prestadoras de serviços de ginástica laboral também sofrem a pressão de seus clientes e futuros clientes por inovação e ações criativas para a manutenção da qualidade técnica e a motivação nas aulas.

Um importante indicador para o sucesso desta prestação de serviços é a participação dos colaboradores nas aulas, já que em sua maioria a participação é voluntária. O colaborador decide ou não se irá participar da aula proposta pelo professor, enfim, se o colaborador não se sentir motivado para participar das aulas, com certeza ele desistirá de participar e o programa de ginástica laboral poderá fracassar.

Mas como alimentar essa motivação? Que ferramentas os empresários, coordenadores e professores poderão utilizar para promover a permanência de seu contrato junto ao seu cliente?

Entre outras ferramentas, sem dúvida, a ludicidade é uma ótima parceira para esses profissionais. Se o professor conseguir despertar o estado lúdico em seus alunos e no ambiente corporativo, poderá manter e aumentar o percentual de adesão ao programa e com isso justificar a permanência do seu contrato. Não excluindo aqui as contribuições e a importância da qualidade técnica, do conhecimento transmitido que toda aula deve apresentar aos alunos.

Nesta obra não citarei todos os benefícios que a ginástica laboral poderá promover aos colaboradores, vou me reter especificamente às dinâmicas lúdicas.

A proposta deste livro é contribuir e fornecer matéria-prima para o fortalecimento do elo entre o professor e o aluno, elo firmado pela confiança, pelo respeito, pela segurança e pela afetividade.

Com isso, reforço que a capacitação permanente do professor e da equipe que participa da organização das aulas é fundamental, tornando-as mais eficientes e lúdicas. A forma como o professor conduz a aula, a riqueza de informações e experiências, o equilíbrio entre o livre e o dirigido, o autoconhecimento, a qualificação técnica, o conhecimento do perfil da empresa e dos colaboradores e o bom-senso para determinar o momento certo para aplicar as dinâmicas lúdicas, poderão refletir positivamente em seu trabalho.

O lúdico

Para Luckesi (2007) o lúdico é um estado interno de prazer e alegria do sujeito e a ludicidade é uma denominação geral para esse estado; essa é uma qualidade de quem está lúdico por dentro de si mesmo. A forma como agimos e reagimos ao que acontece em nossas vidas estimula ou não o estado lúdico.

Ele continua afirmando que a ludicidade está intrinsecamente ligada ao desenvolvimento humano. Junto com o prazer e a alegria, ela nos ajuda a crescer, a tomarmos posse de nós mesmos, a amadurecer nossas capacidades e a nossa autoimagem.

Qualquer atividade, seja ela educativa, recreativa, psicológica, física ou cultural, somente poderá ser considerada como lúdica se proporcionar ou estimular um estado lúdico dentro daqueles que dela participam. Caso não promova o despertar deste estado, efetivamente não é lúdica, ainda que tenha em sua nomenclatura este vocábulo.

Considerando esta afirmação, concordo que as dinâmicas lúdicas propostas dentro dos programas de ginástica laboral só poderão ser consideradas verdadeiramente lúdicas se provocarem um estado lúdico naqueles que delas participam, ou, ainda, afirmo que, dentro de um mesmo grupo, as dinâmicas poderão ser consideradas lúdicas ou não, cabe ao professor analisar a proporção do impacto lúdico que suas atividades estão causando em seus alunos.

Continuo afirmando que até mesmo uma aula técnica (alongamento, fortalecimento muscular, massagem etc.) poderá despertar um estado lúdico em seus participantes.

Alguns fatores poderão influenciar uma pessoa a obter ou não um estado lúdico com as dinâmicas, entre eles: experiências anteriores, comportamento social e ainda a presença de um ambiente corporativo agradável e estimulante e, para finalizar, um professor competente, carismático e motivado que facilite este processo.

Sobre as experiências anteriores do ser humano, Wilhelm Reich (apud LUCKESI, 2007), criador da psicossomática, diz que "nosso corpo é nossa história de vida congelada". Ele continua declarando que nosso corpo tem cicatrizes positivas ou negativas de nossa história, que foram traduzidas em compreensões criativas ou restritivas em nosso imaginário e que se expressam em nossa personalidade.

Essencialmente as dinâmicas lúdicas propostas devem responder às necessidades internas daqueles que dela participam, devem ser envolventes e tornarem-se intrínsecas e realmente vividas. Devem ainda proporcionar uma entrega inocente e total na participação dos colaboradores, sem cobranças individuais e coletivas de resultados e desempenho.

Brincar

No ano de 2007, quando cursava a pós-graduação em Educação Lúdica, fui convidada por minha mestra e hoje amiga, Adriana Friedmann, para descrever, em uma lauda, minha autobiografia lúdica.

Foi uma experiência única relembrar o meu tempo de criança, as brincadeiras que brinquei e as que fiquei com vontade de brincar... Fizeram-me começar a modificar minha conduta. A partir daquele momento comecei a entender um pouco mais a negação dos colaboradores que convidava para participar das brincadeiras que proporcionava em minhas aulas. Passei a respeitar a individualidade, antes da coletividade.

Não exijam do seu aluno uma atitude padrão sem respeitar suas experiências anteriores, talvez a forma de participação de alguns a princípio seja mais tímida e reservada... continuem com seus propósitos, transmitam confiança e segurança ao grupo, quem sabe assim vocês irão conseguir transformar a experiência lúdica de alguns colaboradores.

Peço licença a Adriana Friedmann para convidá-lo, querido leitor, no sentido de escrever sua autobiografia lúdica. Escreva o que lhe vier à cabeça, sem medo, mergulhe em suas memórias, com certeza isso tornará você um ser e um profissional mais humano.

Ah! E se sua autobiografia lúdica avançar pela sua infância e vier até os dias atuais, parabéns por ser um ADULTO BRINCANTE.

*Eu,*_____

_____

_____

_____

_____

_____

_____

_____

_____

_____

_____

_____

_____

_____

_____

_____

_____

Brincar é um fenômeno universal. Culturalmente o homem sempre brincou, independentemente de sua idade, raça, religião ou região em que vive. Por muitos anos, aproximadamente até o final do século XVIII, o brincar era considerado uma atividade coletiva que incluía homens e crianças (FRIEDMANN, 2011).

Maheu (2007), citando Huizinga (1996), corrobora dizendo que na sociedade antiga o trabalho não tinha o valor que lhe atribuímos há pouco mais de um século e nem ocupava tanto tempo do dia. Os jogos e divertimentos eram um dos principais meios que dispunha a sociedade para estreitar laços coletivos e se sentir unida.

Com a chegada da sociedade industrial no final do século XVIII e início do XIX, na qual predominava a produção de bens em grande escala, a atividade lúdica modifica-se: ela torna-se segmentada, passa a fazer parte especificamente da vida das crianças, iniciando-se aí uma cultura antilúdica para o adulto, onde brincar era coisa de criança. A partir da entrada na idade adulta o homem tinha que trabalhar e produzir[1].

Estamos virando mais uma página da nossa história, adentrando o século XXI, inseridos na sociedade pós-industrial, onde surge uma necessidade e um movimento do ser humano no resgate das suas raízes mais profundas, das suas razões de ser e existir; uma "fome" de autodesenvolvimento para não sermos devorados pelos incomensuráveis estímulos que o cotidiano nos apresenta.

---

1. FRIEDMANN, A. *O papel do brincar na cultura contemporânea* [Disponível em: http://www.nepsid.com/artigos – Acesso em jul./2012].

Cresce a identificação do brincar como ferramenta indispensável para a melhora da saúde física, emocional e intelectual do ser humano.

Vale ressaltar também que para Maturana e Verden-Zoller (2006) chamamos de brincadeira qualquer atividade humana praticada com inocência, isto é, qualquer atividade realizada no presente, com atenção voltada para ela própria e não para seus resultados.

Maturana e Verden-Zoller (2006) concluem dizendo que: "*Perdemos nossa consciência social individual à medida que deixamos de brincar. E assim transformamos nossas vidas numa contínua justificação de nossas ações em função de suas consequências, num processo que nos torna insensíveis em relação a nós mesmos e aos demais*".

Segundo Rosa (2001), o ato de brincar permite ao ser humano conhecer seus semelhantes e aprender a conviver em sociedade. Assim permite que façamos novos amigos, e temos a oportunidade de conhecê-los melhor. Pelas ruas das cidades, nos quintais das casas, nas aldeias indígenas e agora nas empresas, as pessoas aprendem a viver e conviver, brincando. Assim, de uma forma gostosa, conhecem e entendem melhor o mundo. Por isso é tão bom brincar e manter viva a criança que existe dentro de cada um de nós.

França (2002) em uma abordagem psicossomática defende que o ser humano não pode ser dividido, ou seja, ele é cabeça, tronco e membros. Esta abordagem demonstra que o ser humano é interligado em profundas e complexas relações que, embora pouco compreendidas, são permanentes e fundamentais em nossa vida. Essa inter-relação das dimensões biológica, psicológica e social é inerente a cada ser humano. Conforme segue:

- **Dimensão biológica:** Refere-se às características físicas, genéticas e ou adquiridas durante a vida.

- **Dimensão psicológica:** Refere-se aos processos afetivos, emocionais e de raciocínio, conscientes ou inconscientes, a personalidade.

- **Dimensão social:** Refere-se aos valores, às crenças, à cultura, ao papel na família, no trabalho, em grupos e dentro da comunidade. Inclui também a influência do ambiente físico e as características ergonômicas dos objetos que utiliza.

Por meio destas dimensões básicas o corpo humano reage às situações da vida, dentro ou fora da empresa. No corpo de cada ser humano está a marca de sua história, de seu esforço, de suas perdas e vitórias. Sendo assim, fazendo uma analogia sobre a reação positiva ou negativa dos indivíduos ao serem convidados para brincar, depende de suas situações de vida dentro ou fora da empresa, bem como do equilíbrio de suas dimensões psicossomáticas.

Falando especificamente sobre o mundo corporativo, Lima (2007) considera importante juntar as pessoas pelo prazer de estarem juntas, resgatando a simplicidade de um sorriso espontâneo, um abraço e um aperto de mão. Ela continua dizendo que é preciso resgatar o espírito de comunidade, de parceria e de encontro dentro das empresas, tornando o ambiente mais humanizado e, consequentemente, cada colaborador levará para seu meio social e familiar sentimentos e emoções obtidos nestes momentos corporativos.

Deste modo, podemos considerar que as dinâmicas lúdicas, apesar de possuírem um objetivo e propósito a ser alcançado, somente poderão ser consideradas lúdicas caso sejam vivenciadas sem compromisso e/ou preocupação em sair daquele momento com algum tipo de conhecimento e/ou informação agregada, ou seja, que despertassem a ludicidade naqueles que estivessem participando.

Muitos professores que já utilizam as dinâmicas lúdicas em seus protocolos de aulas ressaltam que muitas delas são vivenciadas pelos seus alunos de forma livre, prazerosa e sem a preocupação e/ou cobrança de um resultado. Os colaboradores desejam simplesmente ter um momento de lazer e descontração.

Portanto, neste capítulo vocês conseguem disponibilizar para os gestores das empresas atendidas as argumentações suficientes sobre a importância da inclusão ou da permanência das dinâmicas lúdicas em suas aulas.

4

Adulto brincante

O jogo é necessário na vida humana. Assim como o homem precisa de repouso corporal para restabelecer-se, assim também precisa de repouso para a alma, o que é proporcionado pela brincadeira (Tomás de Aquino, 1856).

Se no ano de 1856 o filósofo Tomás de Aquino já afirmava a importância da brincadeira para o repouso do homem por que não inserir uma dinâmica lúdica, uma brincadeira no momento de pausa do colaborador?

Para esta questão vale reforçar que o brincar do adulto não tem relação alguma com a prática de "zombar" dos outros. Isso pode até ser divertido, mas não tem nada de lúdico; pode manifestar o poder de uns sobre os outros e, pior, um poder desqualificador e destrutivo. Talvez seja esse o principal fator que colabora para a resistência dos alunos em se expor e participar das dinâmicas lúdicas.

Maturana e Verden-Zoller (2006) ressaltam em seu livro que numa cultura centrada na produção – como se tornou nossa cultura ocidental –, aprendemos a nos orientar para a produção em tudo o que fazemos, como se isso fosse algo natural; não fazemos nada apenas por fazer, trabalhamos sempre para alcançar um fim; não descansamos simplesmente, nós fazemos com o propósito de recuperar energias; não comemos simplesmente, ingerimos alimentos nutritivos; não brincamos simplesmente com nossas crianças, nós as preparamos para o futuro.

Por conta desta cultura, muitas vezes esbarramos na resistência dos colaboradores em participar das atividades, mesmo antes de ouvir o que está sendo proposto pelo professor.

Seguindo esta linha de raciocínio, podemos crer que convidar os adultos, em seu momento de trabalho, para brincar, somente será aceito se esta brincadeira tiver um propósito e um objetivo bem delineado, mesmo que depois isso evolua para "o brincar pelo brincar".

Diante das experiências vividas e descritas pelos professores que utilizam dinâmicas lúdicas dentro das empresas, a adaptação e a aceitação dos colaboradores passa, em sua maioria, por três fases de adaptação à atividade:

1ª fase: Resistência: dificuldade em participar, braços cruzados, certo nervosismo e timidez.

2ª fase: Doação: participação discreta, mais observadora do que participativa, pequena libertação para a experimentação inocente e acanhada.

3ª fase: Ludicidade: mergulho num estado de libertação, valorização do processo sem preocupações com resultados, produção e objetividade. Momentos de alegria e descontração, espontaneidade, prazer, resgate da infância, experiência positiva.

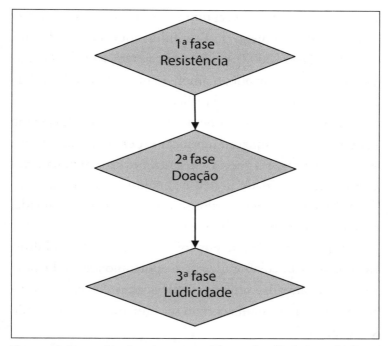

FIGURA 1 **Fases de adaptação e aceitação das dinâmicas lúdicas dentro de programas de ginástica laboral**

Em uma pesquisa científica que realizei em uma empresa situada em São Paulo chegou-se à conclusão que a percepção de um grupo de colaboradores sobre a importância do brincar, logo após vivenciarem uma dinâmica lúdica dentro do ambiente de trabalho, foi diferente: a maioria dos participantes considerou o brincar uma atividade muito importante para o adulto.

Para Kishimoto (2006) quando brincamos tomamos distância da vida cotidiana, entramos em um mundo imaginário. Quando as memórias positivas das brincadeiras da nossa infância povoam a imaginação no momento da brincadeira, podemos afirmar que estamos sendo levados por um estado lúdico e conseguimos vivenciar de forma libertadora aquele momento lúdico, enfim aquela brincadeira.

Para Mayer (2007) a vida somente tem sentido quando dela faz parte o carinho, o amor, o entusiasmo, o bom humor e a busca incessante da felicidade.

Catunda (2002) corrobora reforçando que a sociedade contemporânea esqueceu o brincar e, por conseguinte, vive em isolamentos, em guetos, em situações de individualismo e em competitividade destrutiva, culminando numa crise ética. Precisamos rever valores, resgatar nossa dignidade, buscar uma melhor qualidade social.

Os profissionais que possibilitarem para estes adultos, no nosso caso, colaboradores, a oportunidade de brincar promoverá intrinsecamente a valorização das relações interpessoais, a harmonia entre o ser humano e a diversidade sociocultural.

Catunda (2002) nos faz um lembrete em seu livro onde diz: *Tornar o mundo mais alegre é um desafio a ser assumido por todos.*

5

Dinâmicas lúdicas para a ginástica laboral

"*É importante ter a sensação que no ambiente de trabalho podemos descontrair também*" (relato de um colaborador ao final de sua participação em uma dinâmica lúdica aplicada na aula de ginástica laboral). Por esta e outras afirmações também positivas defendo a permanência das dinâmicas lúdicas nos programas de ginástica laboral, não como um "tapa-buraco" uma "saída da rotina", mas como parte essencial dos planejamentos de aula.

As dinâmicas lúdicas são aquelas que dão plenitude e, por isso, geram prazer ao ser humano, seja como exercício, como jogo simbólico ou como jogo de regras. Os jogos apresentam múltiplas possibilidades de interação consigo mesmo e com os outros.

Segundo Pimentel (2003), o lazer vem sendo um indicativo da qualidade de vida, uma prática social relacionada às diferentes dimensões da sociedade, e as atividades praticadas de forma recreativa e espontânea nos momentos de lazer a representação de ganhos para o nosso bem-estar. O lazer é fruto de uma atitude pessoal em que se pode escolher diferentes atividades de forma crítica e criativa, dentro do seu tempo liberado de obrigações de serviços, tendo como característica a liberdade de escolha, espontaneidade, busca do prazer com a função de integração, equilíbrio mental e manutenção do bom estado de saúde (AWAD, 2004).

Dentro dos programas de ginástica laboral, a participação dos colaboradores nas dinâmicas lúdicas também é proposta de forma livre. O colaborador tem o direito de escolha; as dinâmicas são, em sua maioria, brincadeiras adaptadas, elaboradas a partir das brincadeiras infantis, elas proporcionam aos colaboradores um prazeroso momento de recordação e a ativação da importância contínua do brincar e do sorrir.

Silva (2010) conceitua em seu livro que a recreação pode ser vista de três maneiras, quanto ao comportamento e à forma de participação do praticante. Peço licença ao autor para remeter esse conceito para a nossa realidade corporativa, sendo elas:

• **Passiva:** O colaborador participa como espectador, lembrando que deve ser uma participação saudável, ou seja, sentindo prazer ao observar a dinâmica.

• **Ativa:** O colaborador participa de forma direta, sendo atuante nos jogos e nas brincadeiras.

• **Mista:** Além de observar, o colaborador tem participação contínua.

Seja qual for a forma de comportamento e a participação do colaborador em sua aula, esta deve ser respeitada. Cabe ao professor tentar transformar a participação passiva em ativa ou mista, respeitando sempre o objetivo principal das dinâmicas que é o de despertar o estado lúdico nos que dela participam.

Ainda em seu livro, Lima (2007) relata que as dinâmicas lúdicas contribuem para com a ginástica laboral em diferentes funções, conforme segue:

- **Função psicológica:** Alívio do estresse e promoção de um estado de relaxamento.
- **Função social:** Integração dos indivíduos dentro do ambiente de trabalho, melhorando o clima organizacional.
- **Função terapêutica:** Manutenção de um bom estado de humor e saúde.
- **Função educativa:** Autoaprendizagem, maior conhecimento dos indivíduos que nos cercam e do mundo.
- **Função humanizadora:** Respeito às diferentes "maneiras de ser", valorização da sensibilidade entre o grupo, uma forma diferenciada "de pôr para fora" o potencial infinito que cada um traz dentro de si.

Características gerais

As dinâmicas lúdicas para os programas de ginástica laboral não podem ter comparação com as dinâmicas de grupo criadas especificamente para encontros empresariais e treinamentos. Apesar de ambas se utilizarem do lúdico para envolver, educar e motivar os participantes, as dinâmicas de grupo possuem um tempo maior de duração, que varia entre 30 a 60 minutos, tem objetivos bem-delineados e, muitas vezes, avaliações gerencias.

As dinâmicas lúdicas respeitam, em sua maioria, o tempo padrão de aula, ou seja, entre 10 e 15 minutos (exceto se houver um acordo entre a empresa e o professor), são realizadas dentro do local de trabalho, utilizam poucos recursos materiais, despertam o interesse e ser envolvente, transitam entre o livre e o dirigido e, principalmente, possuem fundamentos, ou seja, seus objetivos caminham em conjunto com as necessidades individuais, coletivas e corporativas.

Lembrem-se que nas empresas a resistência dos adultos para brincar é muito grande. Sendo assim, qualquer falha na sua facilitação poderá contribuir significativamente para o insucesso da dinâmica, além de inevitavelmente perder a participação daqueles que foram expostos nas suas próximas aulas.

Por isso, tenham segurança, preparem e estudem suas dinâmicas, escolham o melhor momento, compartilhem com a área de Recursos Humanos, com a área de Saúde Ocupacional e com os gestores dos setores suas propostas, conheçam seus alunos, o grupo e a empresa.

Parte **II**

Agora vamos
às dinâmicas

Boa leitura e bom divertimento!

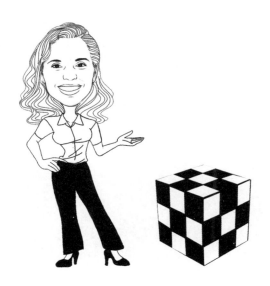

Dinâmicas lúdicas
para o dia a dia

 **Dica 1:** Não se esqueçam de planejar suas aulas com antecedência, elaborando o calendário anual das dinâmicas logo no início do ano.

1 1, 2, 3 da laboral
Objetivos: descontração, integração e atenção.
Materiais: nenhum.
Desenvolvimento: organização em duplas. A dupla deve escolher quem vai começar, este deverá falar o número 1, o outro da dupla o número 2, e volta para o primeiro falando o número 3 (como se fosse um jogo de *ping-pong*). Quando for iniciada novamente a sequência dos números deve-se trocar o primeiro executante; assim, em cada sequência, um par da dupla vai iniciar falando o número 1. Depois de um tempo o professor deverá trocar os números por movimentos da

ginástica laboral; de preferência solicite o apoio dos alunos, deixe que eles sugiram os movimentos. IMPORTANTE: Os números devem ser trocados por movimentos, um a um, por exemplo, o número 1 é trocado por uma flexão lateral da cervical, os números 2 e 3 permanecem. Depois de um tempo o professor promove a troca do número 2 por outro movimento; por exemplo, agachamento, ficando o número 1 a flexão lateral e o número 2 o agachamento, o número 3 permanece. No final todos os números serão trocados por movimentos. Tente fazer esta dinâmica alterando também as duplas ou faça o professor *versus* alunos, o professor se posiciona a frente do grupo e o desafia nesta prazerosa brincadeira.

Refinamentos e cuidados: O único cuidado que o professor deve ter nesta dinâmica é com a exigência de que os colaboradores sugiram um movimento; caso ninguém se prontifique a sugerir um movimento, inicie você mesmo. Outro cuidado é com a escolha do movimento (cuidado para não optarem por movimentos que exijam muito esforço do colaborador), evite saltos, giros etc.

O que você achou?

2 Todo movimento gera um alongamento

Objetivos: descontração, criatividade, integração e repertório de movimentos.

Materiais: música alegre.

Desenvolvimento: dispostos livremente no espaço destinado para a aula, o professor deverá solicitar aos alunos que se desloquem espontaneamente no espaço da sala, ouvindo e "sentindo" a música. Por meio do estímulo sonoro que a música proporciona alguns alunos começam a se soltar e até mesmo se deslocar no ritmo da melodia. Quando o professor parar a música um aluno deverá colocar-se em um posicionamento de alongamento, os demais rapidamente deverão compor essa construção, ligando-se a este aluno e reproduzindo outros movimentos de alongamento (todos os movimentos deverão ser diferenciados e estar conectados). Quando a música reiniciar, todos se soltarão e continuarão deslocando-se até que a música pare novamente e outro aluno reinicie a conexão.

Refinamentos e cuidados: o professor deve ter muito cuidado com a escolha da música (evitando músicas da moda ou que contenham palavras de baixo calão), assim ele correrá um sério risco de não ser ouvido porque todos começarão a cantar o refrão da música, dançar ou até mesmo de ser recriminado pela empresa por sua escolha musical.

O que você achou?

3 Responda se puder...

Objetivos: descontração, criatividade, raciocínio rápido.
Materiais: ficha de apoio do professor (anexo), uma bolinha de espuma ou outro objeto e uma música alegre.
Desenvolvimento: dispostos livremente no espaço destinado para a aula, o professor deve entregar a bolinha para um aluno e pedir que todos se desloquem espontaneamente no espaço destinado para a aula sobre o estímulo de uma música. No momento que os alunos estiverem caminhando pela sala a bolinha deve ser passada entre eles. Assim que a música parar, o aluno que estiver com a bolinha na mão deverá responder imediatamente a pergunta feita pelo professor. Quando a pergunta for respondida a música continua e a brincadeira prossegue. Outra opção é o aluno que ficou com a bolinha na mão nomear (entregando o objeto) rapidamente outro aluno para responder uma pergunta.
Refinamentos e cuidados: além do cuidado com a escolha da música, o professor deve sempre ficar atento com o objeto escolhido. Escolha sempre algum objeto atraente, porque, além do estímulo sonoro, os alunos também receberão o estímulo visual e cinestésico, podendo até brincar com o objeto enquanto a música toca.

O que você achou?

_____

_____

_____

_____

_____

_____

4 Qual é o desenho?

Objetivos: descontração, criatividade, integração.

Materiais: uma folha de rascunho por dupla, lápis ou caneta.

Desenvolvimento: dispostos em duplas, cada dupla deve escolher quem irá iniciar. Este deverá pensar em um desenho, sem falar para seu(sua) parceiro(a), que deve iniciar seu desenho no papel riscando somente um traço; o segundo componente deve tentar imaginar qual desenho seu(sua) parceiro(a) quer desenhar e riscar outro traço para ajudar, e assim a brincadeira continua. Durante toda a atividade o iniciante da brincadeira tem que tentar demonstrar, por meio dos seus traços, qual desenho ele está pensando sem desistir, mudar a figura ou falar qual é o desenho. Caso esteja muito difícil, ele pode dar dicas. Depois a ordem de início é passada para o segundo participante.

Refinamentos e cuidados: em empresas sempre solicite as folhas de rascunho; assim você fica de acordo com o conceito de sustentabilidade e de reciclagem.

O que você achou?

_____
_____
_____
_____
_____
_____
_____

 Dica 2: Pratique o **PPQ** na hora de preparar suas dinâmicas: **Para** que estou realizando? **Para** quem estou fazendo? **Quando** vou aplicar?

5 Genius da laboral
Objetivos: descontração, memória, atenção, integração e criatividade.
Materiais: nenhum.
Desenvolvimento: quem não se lembra daquele brinquedo de sequência de cores e sons?

Em duplas, o professor deverá pedir para cada dupla escolher quem é o número 1 e quem é o número 2 da dupla. Para variar um pouco e descontrair o professor informa que nesta dinâmica quem começa é o número 2.

A dupla fica disposta com um integrante de frente um para o outro. O número 2 deverá realizar três movimentos da ginástica laboral, o número 1 deverá reproduzir imediatamente os movimentos e incluir mais um movimento; logo em seguida o número 2 deverá realizar os seus três movimentos, o movimento do seu par, e acrescentar mais um movimento, e assim sucessivamente. Se alguém errar a atividade começa novamente. A brincadeira acaba quando terminar o tempo. Se houver tempo, o professor pode sugerir a troca de duplas após certo período de atividade.

Refinamentos e cuidados: não tem.

O que você achou?

---

6 *Stop* laboral

Objetivos: descontração, atenção, integração.

Materiais: nenhum.

Desenvolvimento: o professor durante a condução de uma aula de ginástica laboral, por exemplo, de resistência muscular, deverá convidar os alunos para participarem de um *stop* da laboral. E como funciona? No decorrer da aula o professor deverá explicar que durante o movimento ele e o grupo brincarão de *stop*. Na execução do exercício o professor deverá solicitar aos alunos que citem, por exemplo, nomes de lugares com a letra "a". O professor somente deverá trocar a letra e o movimento quando ele não souber mais nenhuma palavra com a letra solicitada.

Refinamentos e cuidados: cuidado com o excesso de exigência física dos alunos (lembrando que a ginástica laboral deve promover saúde para os colaboradores). Se você perceber que o tempo dos alunos no movimento já está desconfortante, altere imediatamente o movimento e a solicitação do *stop*, e aproveite para convidar um aluno para iniciar a brincadeira.

O que você achou?

_____

_____

_____

_____

_____

_____

_____

7 Jogo da velha da laboral

Objetivos: descontração, integração, criatividade e desenvolvimento estratégico.

Materiais: giz para lousa ou faixas coloridas para desenhar o tabuleiro do jogo no chão.

Desenvolvimento: o número mínimo de participantes para o jogo deve ser de 5 alunos; caso necessário, monte equipes, aproveite para convidar aqueles que não atuam nas aulas para colaborar e participar nesta atividade. Caso tenha número superior, todos poderão participar fazendo sua colaboração com as estratégias de jogada. As duas equipes devem ficar dispostas ao lado do jogo; cada equipe deverá escolher um movimento da laboral que simbolize seu símbolo substituindo o "X" e o "0". A cada jogada um integrante da equipe deve assumir uma lacuna que estiver vazia. Ganha a equipe que fizer uma linha primeiro. As regras são as mesmas do jogo da velha.

Refinamentos e cuidados: as faixas devem ser grandes e grossas para que os jogadores consigam visualizar o tabuleiro no chão. Serão 4 faixas por tabuleiro; caso haja um número grande de participantes, pode-se fazer dois ou mais tabuleiros.

O que você achou?

_____

_____

_____

_____

_____

_____

_____

8 Quarteto maluco da laboral

Objetivos: descontração, rapidez no raciocínio, criatividade, comunicação e integração.

Materiais: nenhum.

Desenvolvimento: os alunos devem se dividir em quartetos. Cada participante deverá ser um número (1, 2, 3 e 4). O número 1 deve começar posicionando-se no centro do quarteto, o número 2 deve posicionar-se ao lado esquerdo do número 1, o número 3 ao seu lado direito e o número 4 a sua frente.

Nesta brincadeira cada integrante do quarteto irá assumir um personagem: o número 1 será o aluno, o número 2 será o chefe pedindo um relatório que está atrasado, o número 3 será um amigo(a) que foi deixado(a) esperando no cinema e que está muito bravo(a), cobrando satisfação, e o número 4 será o professor de ginástica laboral. Ao sinal do professor todos do quarteto devem realizar seus papéis, ou seja, o número 2 deve cobrar o relatório, o número 3 cobrar uma satisfação pela ausência no encontro, o número 4 deve passar uma aula (todos ao mesmo tempo) para o aluno que é o número 1. Cabe dar conta de atender e responder a todas as solicitações. Depois de um tempo, o quarteto deve realizar um rodízio dos personagens.

Refinamentos e cuidados: não tem.

O que você achou?

_____

_____

_____

_____

_____

_____

_____

9 Aluno, professor e coordenador

Objetivos: descontração, integração e atenção.

Materiais: filipetas para sorteio (anexo).

Desenvolvimento: quem nunca brincou de detetive, vitima e ladrão? Aqui a brincadeira é a mesma, apenas mudamos os personagens. Os alunos estão dispostos em círculo. O professor deverá passar para um sorteio filipetas contendo os seguintes personagens: aluno, professor e coordenador. Todos do círculo devem sortear um personagem, ler e assumir o seu papel.

Quem for o professor deve piscar para alguém que ele acredita que é um aluno. Caso este seja o aluno, deverá imediatamente iniciar movimentos da aula de ginástica laboral; ao mesmo tempo o coordenador deve tentar adivinhar quem é o professor do grupo. Se o professor piscar para o coordenador, este deverá imediatamente sinalizar para o grupo quem é o professor, e assim reiniciar a brincadeira.

Refinamentos e cuidados: o número de filipetas dependerá do número de alunos, lembrando que sempre deverá conter somente um professor e um coordenador; sendo assim, somente o número de alunos deve variar. Se o grupo for muito grande divida em dois ou mais grupos. Cuidado na apresentação do seu material; isso poderá contribuir para o sucesso da sua aula.

Os alunos não poderão deixar de alongar-se enquanto o professor não for descoberto.

O que você achou?

_____

_____

_____

10 O que mudou?

Objetivos: descontração, atenção, memorização e integração.

Materiais: nenhum.

Desenvolvimento: alunos divididos em dois grupos. O grupo 1 deverá rapidamente decidir que posicionamentos da ginástica laboral cada integrante deverá executar. Esta combinação deve ser secreta. Quando eles decidirem, o grupo 2 deverá virar de costas até que o grupo 1 se posicione com as posições escolhidas. Ao sinal do professor o grupo 2 deve virar-se e rapidamente tentar memorizar o posicionamento de cada um do grupo 1. Após alguns segundos a formação deve ser desfeita e o grupo 2 deve tentar colocar cada integrante do grupo 1 na posição por eles escolhida.

Refinamentos e cuidados: o professor deve estimular o grupo para que decida por posições diferenciadas da laboral; assim o grupo terá que se esforçar para conseguir descobrir e colocar cada integrante do grupo na posição certa.

O que você achou?

Dica 3: Após decidir quais datas comemorativas terão dinâmicas especiais em seu planejamento, pesquise, busque informações regionais, pois nossa cultura é rica e ela poderá inspirá-lo nas suas escolhas.

11 Feira de trocas

Objetivos: criatividade, descontração e integração.
Materiais: música alegre.
Desenvolvimento: dispostos no local da aula, o professor deverá explicar que ele irá colocar uma música e que os alunos devem se deslocar livremente; cada vez que a música parar os alunos deverão formar duplas e realizar trocas de movimentos da laboral (cada um deve doar um movimento para o outro). Quando o professor recomeçar a música, os alunos devem continuar se deslocando pela sala, e, quando a música parar novamente, novas duplas

devem ser formadas e outras trocas acontecer. Se o aluno receber um movimento repetido ao que ele já realizou, ele deve falar: TROCA! E aí a brincadeira continua.

Refinamentos e cuidados: a música sempre dá ritmo à atividade, mas, caso o professor não possa utilizar música, ele deverá buscar outras formas de estimular e manter o ritmo da atividade. Dependendo da empresa, o uso de instrumentos musicais é permitido.

O que você achou?

_____

_____

_____

_____

_____

_____

_____

12 Conhecendo melhor

Objetivos: integração, quebra-gelo e descontração.

Materiais: música alegre.

Desenvolvimento: os alunos, dispostos em círculo ou livres no local da aula, deverão falar seu nome e, por exemplo, algo que gostam muito. A regra é que o que for dito deverá iniciar com a letra do seu nome. Por exemplo, **A**ndréa – **A**rroz / **C**arlos – **C**antar etc. Cada aluno deverá primeiramente falar o nome e o que gosta de todos os participantes que antecederam a sua vez e em seguida o seu nome e o que gosta, e assim sucessivamente. O último terá que saber o nome de todos os participantes e seus gostos. Você poderá substituir por outras solicitações, caso queira.

Refinamentos e cuidados: esta atividade não é uma competição; portanto o professor deverá estimular os alunos para que se ajudem a lembrar do nome e do gosto de cada um.

O que você achou?

_____

_____

_____

_____

_____

_____

_____

_____

13 Carro em movimento

Objetivos: descontração e atenção.

Materiais: nenhum.

Desenvolvimento: os alunos devem estar dispostos em circulo. O professor explica que a partir do início da dinâmica todos se tornarão carros e, como carros, eles terão som e movimento. São três sons que os carros emitem: "zum" que significa o carro passando, "bi-bi" que é o carro buzinando e "rii" que significa o carro freando. A regra é:

toda a vez que o carro fizer "zum" ele continua passando em sentido horário no círculo; se o carro fizer "bi-bi" deverá pular um aluno e, por último, se o carro fizer "rii", deverá frear e voltar. A brincadeira começa com o professor ou algum aluno voluntário. Inicie colocando o carro em movimento. Sempre o começo deve ser "zum", em seguida a escolha é livre. Se alguém errar, a brincadeira continua livremente.
Refinamentos e cuidados: nenhum.
O que você achou?

_____
_____
_____
_____
_____
_____
_____
_____

Dica 4: O nome da dinâmica poderá ajudá-lo a convencer seus alunos a participarem. Procure escolher nomes que despertem a curiosidade, evite nomes com duplo sentido ou constrangedores; estes poderão afastar os alunos, antes mesmo que eles participem.

14 Nunca a três da laboral

Objetivos: descontração, lateralidade e integração.

Materiais: nenhum.

Desenvolvimento: formação de duplas, sendo que um participante deverá iniciar a atividade. Para esta dinâmica o número de alunos deve ser ímpar; caso julgue necessário o professor deverá participar também. O professor deverá informar que todas as duplas devem iniciar movimentos da laboral em formato de espelho. O aluno que estiver sozinho deve escolher uma dupla. Se ele se posicionar ao lado esquerdo de algum aluno da dupla, deverá se unir com o aluno e realizar os movimentos espelho com o par da dupla; se o participante se posicionar do lado direito do aluno escolhido, o par da dupla deverá sair e procurar outra dupla.

Refinamentos e cuidados: nenhum.

O que você achou?

15 Direção dos dedos

Objetivos: descontração, coordenação e atenção.

Materiais: nenhum.

Desenvolvimento: primeiramente o professor deve ensaiar com os alunos as direções dos dedos, com as mãos posicionadas à frente, com o polegar estendido e os demais dedos flexionados (sinal de positivo). Ele deve demonstrar as três direções, para cima, para baixo e para os lados. Cada direção deve ser seguida de uma palma, ou seja, palmas e dedos para cima, palmas e dedos para baixo e palmas e dedos para os lados. Agora em duplas, de frente um para o outro, o professor deve orientar que cada um da dupla (independente da opção do outro) deve escolher a direção dos seus dedos; cada um deve bater uma palma à frente do corpo e escolher uma das direções apresentadas. O professor deve deixar os alunos se adaptarem à dinâmica e, aos poucos, solicitar mais rapidez nas palmas e escolhas (lembrando que neste momento não é necessária a combinação das direções dos dedos).

Em seguida, ele deve combinar com os alunos a seguinte regra: a cada vez que as duplas coincidirem a direção dos dedos, devem bater a palma e as mãos acima, como se estivessem comemorando o acerto, e retornar imediatamente à brincadeira.

Refinamentos e cuidados: se o professor preferir, poderá dar o comando de trocar as duplas durante a dinâmica.

O que você achou?

_____

_____

_____

_____

_____

_____

_____

_____

_____

16 Marionete

Objetivos: descontração, criatividade e integração.

Materiais: nenhum.

Desenvolvimento: em duplas, os alunos devem decidir quem irá iniciar a atividade. De frente um para o outro, aquele que for iniciar a atividade deverá escolher uma articulação do corpo do colega e apontar. Este imediatamente deverá movimentá-la, sem parar o movimento. Ele deve atender às demais solicitações da dupla até que todas as suas articulações estejam em movimento, como se fosse um boneco de marionete, depois troca. Caso seja possível, o professor poderá utilizar diferentes músicas como recurso para ditar um ritmo dos movimentos.

Refinamentos e cuidados: o professor deverá controlar o tempo da dinâmica para não cansar a dupla que está realizando os movimentos.

O que você achou?

_____
_____
_____
_____
_____
_____
_____
_____

Dica 5: Organize com antecedência os materiais. Não é legal faltar material; deixar alguém de fora é constrangedor. Também capriche na qualidade dos materiais, eles fazem parte do sucesso de sua aula.

17 Telefone sem fio da laboral
Objetivos: comunicação, descontração e integração.
Materiais: nenhum.
Desenvolvimento: com os alunos dispostos em círculo, o professor deverá falar no ouvido do aluno do lado direito um movimento da laboral que deve ser executado. Este de-

verá passar para outro aluno, e assim sucessivamente. O último aluno deverá tentar executar o movimento orientado pelo professor ao primeiro aluno. Se houver mais de uma rodada e o professor conhecer bem o grupo, poderá dar 1 segundo para os alunos mudarem suas posições no círculo. **Refinamentos e cuidados:** nesta atividade o professor deve ter confiança no seu grupo. Porque para que a dinâmica aconteça de forma realmente lúdica, deverá ter o respeito na hora de transmitir a informação. A ordem não pode ser mudada, por exemplo, com orientações constrangedoras. Cuidado com o número de alunos. Se for necessário divida em dois grupos. **O que você achou?**

_____

_____

_____

_____

_____

_____

18 Barreiras para o alongamento
Objetivos: descontração e integração.
Materiais: nenhum.
Desenvolvimento: o professor deverá dividir os alunos em duas equipes. Cada equipe deverá eleger um participante para começar. As equipes deverão ficar dispostas no local da aula, uma de frente para a outra, como se fosse um jogo de queimada. O participante eleito por cada equipe deverá ficar junto à equipe oposta. O objetivo da dinâmica é que o participante eleito consiga passar uma

aula de ginástica laboral para sua equipe (que estará a sua frente), mesmo sendo impedido por movimentos da equipe "adversária", depois troca.

Refinamentos e cuidados: apesar de ser uma dinâmica que utiliza a mímica como recurso principal, é inevitável o barulho de risadas e conversas. Tenha certeza que a dinâmica não irá incomodar o ambiente como, por exemplo, uma reunião.

O que você achou?

_____

_____

_____

_____

_____

_____

_____

_____

19 Diversas direções

Objetivos: descontração, elaboração de estratégias, integração e atenção.

Materiais: bolas coloridas (exemplo: bolas de piscina de bolinhas).

Desenvolvimento: com os alunos dispostos em círculo o professor deve primeiro explicar a regra da dinâmica: ele vai entregar uma bola colorida para um aluno, este deverá repassar para outra pessoa do círculo, sendo que não vale os que estão ao seu lado direito e ao seu lado esquerdo. A pessoa que receber a bola deve escolher outro participante e assim sucessivamente. Esta sequência deverá ser repetida por algumas vezes, cada vez mais rápido (lembrando que a bola deve seguir a mesma sequência e sempre terminar e iniciar pelo primeiro aluno que começou a atividade). Logo após algumas rodadas, o professor deve inserir outras bolas na dinâmica, sempre entregando ao aluno que iniciou. Assim todos vão começar a enviar e receber bolas de diferentes cores. O professor pode inserir a quantidade de bolas que julgar interessante para estimular o tempo de reação e o pensamento estratégico de cada participante. Ao final, o visual da atividade é bem bonito: várias bolas coloridas passando entre os alunos no círculo.

Refinamentos e cuidados: o professor deve orientar aos alunos que o arremesso das bolas deve ser realizado de forma leve e de baixo para cima, evitando assim que machuque alguém.

O que você achou?

20 Pratique o sorriso

Objetivos: quebra-gelo, descontração e integração.

Materiais: música alegre.

Desenvolvimento: uma ótima opção para iniciar ou finalizar sua aula, tornando-a mais lúdica e o ajudando a quebrar o gelo. Dispostos no local da aula, solicite a seus alunos que se desloquem livremente ao ritmo da música; em seguida peça que sorriam para o maior número de colegas de trabalho possível. Solicite que a cada encontro com um amigo seja doado um sorriso diferente.

Refinamentos e cuidados: nesta dinâmica deixe os alunos criarem suas próprias estratégias para sorrir e encontrar seu colega de trabalho; você poderá ser surpreendido com o resultado.

O que você achou?

_____

_____

_____

_____

_____

_____

_____

_____

_____

21 Refinando o movimento

Objetivos: refinar o movimento, observação, atenção e consciência corporal.

Materiais: nenhum.

Desenvolvimento: com os alunos dispostos no local da aula, faça um movimento da laboral como, por exemplo, um alongamento de tríceps. Solicite aos seus alunos um *feedback* de como tornar seu movimento mais eficiente para o alongamento. Em seguida, desafie os alunos a se colocarem numa postura de alongamento e fazerem uma autoanálise de como poderiam melhorar o seu movimento. O ideal é que você colabore com algumas dicas.

Refinamentos e cuidados: cuidado para não expor o aluno, caso seu movimento contenha muitos erros de execução.

O que você achou?

_____

_____

_____

_____

_____

_____

_____

_____

_____

Dica 6: Se possível anuncie a dinâmica como uma atividade especial. Quanto mais anunciada, mais irá gerar expectativa e uma conotação de um momento especial. Busque apoio do RH, da área de comunicação da empresa e dos líderes de setores.

22   3 elogios e uma sugestão

Objetivos: refinar o movimento, observação, atenção, consciência corporal, cooperação e confiança.

Materiais: nenhum.

Desenvolvimento: esta atividade tem o mesmo princípio da atividade "Refinando o movimento", só que desta vez a atividade será realizada em dupla. O primeiro da dupla deverá executar um movimento de alongamento, o parceiro da dupla terá que dirigir a ele três elogios pelo alongamento e fazer uma sugestão para melhorar ou tornar o alongamento mais eficiente.

Refinamentos e cuidados: esta atividade servirá como apoio para o professor verificar se a função educativa de sua aula está sendo eficiente. A riqueza dos movimentos e dos elogios e sugestões permitirá ao professor avaliar se, além da reprodução da execução técnica do movimento, o aluno está absorvendo a informação.

O que você achou?

_____

_____

_____

_____

_____

_____

_____

23 Desafio das faixas

Objetivos: descontração, coordenação, atenção e integração.
Materiais: faixas de tnt coloridas com aproximadamente 1m de comprimento e 50cm de largura, uma bolinha de espuma por dupla e, se possível, uma música animada. **Desenvolvimento:** dispostos em duplas, cada dupla terá uma faixa e uma bolinha de espuma. O professor deverá iniciar desafiando as duplas para se alongarem utilizando a faixa. Em seguida o desafio é o de se alongar segurando cada um em uma das extremidades da faixa e mantendo a bolinha de espuma em seu interior. A brincadeira é tentar achar o maior número possível de alongamentos obedecendo às regras. Após esgotarem-se as possibilidades e se houver tempo, o professor pode lançar o desafio final: os alunos deverão tentar passar as bolinhas de espuma para

outras duplas segurando as faixas, ao mesmo tempo em que realizam os alongamentos.

Refinamentos e cuidados: procure utilizar faixas e bolinhas coloridas; a aula ficará com um visual muito bonito. Além disso, promoverá o encantamento dos demais que estarão assistindo.

O que você achou?

___
___
___
___
___
___
___
___
___
___

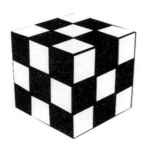

Dica 7: Priorize o processo e não o resultado, ou seja, veja se participar da dinâmica, independente de atingir o resultado esperado pelas suas regras, gerará um estado lúdico no participante. Dinâmicas lúdicas não devem exigir *desempenho*.

24 Massagem contada

Objetivos: descontração, integração, promover um ambiente descontraído para aqueles que têm dificuldade de doar e receber manobras de massagem.

Materiais: texto "Chapeuzinho verde" (anexo).

Desenvolvimento: em duplas, de preferência de pé (para facilitar o deslocamento), o professor deve informar que durante a massagem ele irá ler um texto e que toda vez que ele pronunciar a palavra "verde", rapidamente as duplas devem trocar as posições entre si, ou seja, aquele que está recebendo massagem imediatamente deverá aplicar a massagem. Quando o professor pronunciar a palavra "vermelho" as duplas deverão ser trocadas, ou seja, novas duplas deverão ser formadas.

Refinamentos e cuidados: o professor deverá ter cuidado para não deixar que os alunos decidam que manobras de massagem devem ser realizadas. Ao ler o texto, o professor deverá conduzir também a massagem.

O que você achou?

2

Dinâmicas lúdicas para
datas comemorativas

Estas dinâmicas poderão ser produzidas a partir do calendário anual padrão ou serem baseadas em outros calendários como, por exemplo, o da Associação Brasileira de Qualidade de Vida (www.abqv.org.br). Lá eles possuem diversas datas que permitem fazer uma analogia sobre a ginástica laboral, promoção da saúde e saúde do trabalhador.

Outra dica é promover dinâmicas exclusivas a partir do segmento da empresa, ou seja, uma dinâmica em comemoração ao Dia do Médico (exclusiva para hospitais), e uma dinâmica exclusiva para operadores de telemarketing, para empresas de *call center* etc.

Dia do Adulto

Biologicamente o adulto está entre o jovem e o idoso; psicologicamente é a pessoa que demonstra capacidade de agir, pensar e realizar algo de maneira equilibrada, racional, sensata; juridicamente é aquele a quem a lei concede completa capacidade para o exercício de sua vida civil. Com toda essa carga de expectativas e responsabilidades, nada mais justo do que conceder uma dinâmica para este dia também. O Dia do Adulto é comemorado no dia 15 de janeiro.

Pensando na criação desta data e baseando-se na questão do equilíbrio e do amadurecimento, que tal aplicar uma dinâmica que exija dos alunos uma reflexão sobre as mudanças de comportamento que ele passou no decorrer de sua vida?

25 Antes e agora

Objetivos: promover uma reflexão saudável sobre as mudanças de comportamento e o estilo de vida do colaborador.

Materiais: questionário do antes e agora (anexo).

Desenvolvimento: o professor deverá providenciar uma cópia do questionário para cada aluno. Após explicar sobre as mudanças que passamos durante a vida e sobre o nosso estilo de vida, o professor deverá convidar cada aluno para responder o questionário e guardá-lo consigo para refletir sobre suas respostas.

Refinamentos e cuidados: caso o professor não consiga as cópias, ele pode aplicar esta atividade solicitando uma folha de rascunho de cada colaborador e ditando as questões, ou até mesmo promover uma enquete entre eles. Cuidado para não promover um momento de melancolia com as questões do antes e agora. O professor deve promover uma reflexão positiva sobre o que é necessário mudar nas atitudes e no estilo de vida dos alunos.

O que você achou?

CARNAVAL

O carnaval é considerado uma das festas populares mais animadas e representativas do mundo. Tem sua origem no entrudo português, onde, no passado, as pessoas jogavam umas nas outras água, ovos e farinha. Aproveite e comemore com seus alunos essa grande festa!

26 Ensaios para o carnaval

Objetivos: comemorar o carnaval, descontração e integração.
Materiais: nenhum.
Desenvolvimento: formar duas equipes. O professor irá dizer uma palavra e as equipes terão um tempo para citar alguma música de carnaval (marchinhas ou sambas-enredos) que contenha a palavra que foi dita. A equipe que responder primeiro deverá aplicar um alongamento para a outra equipe e, enquanto ela realiza o alongamento, poderá formar duplas e aplicar manobras de massagem.
Refinamentos e cuidados: coloque como regra que as músicas não devem conter palavras vulgares ou obscenas. O professor deverá fazer uma pesquisa prévia das palavras que irá solicitar e anotar a que música ela pertence. Procure por marchinhas e sambas que fizeram sucesso.

O que você achou?

_____

_____

_____

_____

_____

_____

_____

_____

DIA INTERNACIONAL DA MULHER

27 *Quiz* da mulher moderna

Objetivos: comemorar o Dia Internacional da Mulher, descontração, conhecimento, integração e a quebra de paradigmas de que a mulher não entende nada de futebol.

Materiais: ficha de perguntas e respostas sobre regras e momentos do futebol.

Desenvolvimento: os alunos deverão estar divididos em duas equipes, sendo que só as mulheres poderão responder as perguntas feitas pelo professor. Os homens das equipes poderão ajudar somente demonstrando por meio de gestos, que deverão ser combinados anteriormente ao início da atividade. Cada equipe terá direito a quatro gestos diferentes; por exemplo, piscar: alternativa certa; mexer o braço: aguarde etc.

Refinamentos e cuidados: como se trata de uma dinâmica com característica competitiva, o professor deverá manter um ambiente alegre e motivador.

O que você achou?

_____

_____

_____

_____

_____

_____

_____

_____

DIA MUNDIAL DA ATIVIDADE FÍSICA

Após 15 anos de implantação do Programa Agita São Paulo pela Secretaria de Estado da Saúde de São Paulo, com a assessoria técnico-científica do Centro de Estudos do Laboratório de Aptidão Física de São Caetano do Sul (Celafiscs), o programa foi adotado como estratégia nacional de promoção da saúde por meio da prática regular de atividade física. À sua luz surgiu o Programa Agita Brasil, com o apoio do Ministério da Saúde, ultrapassando também as fronteiras nacionais com o Agita América.

Considerado programa modelo de promoção da saúde pela Organização Mundial da Saúde (OMS) ficou decidido durante a 54ª Assembleia Mundial da Saúde no ano de 2002 que o Dia Mundial da Saúde teria como tema a promoção da atividade física. Desta forma nascia o Agita Mundo, inspirado no Agita São Paulo, que pelo seu impacto internacional foi mantido pela OMS como um evento permanente. A partir de então, no dia 6 de abril passou a ser comemorado o Dia Mundial da Atividade Física (http://www.agitasp.org. br/pt/agita-mundo/dia-mundial-da-atividade-fisica.html).

28 Twister anatômico

Objetivos: descontração, interação, atenção e consciência corporal.

Materiais: nenhum.

Desenvolvimento: esta atividade poderá ser realizada em grupos ou em dupla. O comando do professor deve se referir às musculaturas, articulações e regiões mais trabalhadas durante as aulas de ginástica laboral. A atividade consiste em um jogo de respostas rápidas tocando o corpo do colega na região onde for solicitado pelo professor. Deve-se atender o próximo comando, mantendo os comandos anteriores, quando possível. Por exemplo: mão esquerda no bíceps direito do colega mais próximo; joelho esquerdo no quadríceps do colega à frente etc.

Refinamentos e cuidados: cuidado com o exagero nas solicitações. Deve-se sempre evitar solicitações constrangedoras. Procure realizar pedidos com nomes que os alunos não conhecem; por exemplo, encostar o calcâneo no calcâneo do colega ao lado.

O que você achou?

DIA DAS MÃES

Essa é uma das datas mais difíceis para elaborar uma dinâmica. Geralmente os professores têm receio de aplicar alguma dinâmica relacionada ao tema porque muitos já não possuem sua mãe presente, mas, ao mesmo tempo, acredito que esta data não pode passar em branco.

29 Pérolas da mamãe

Objetivos: comemorar o Dia das Mães, recordar lembranças felizes e integrar.

Materiais: cartolina e caneta piloto.

Desenvolvimento: promova aos alunos um desafio: pergunte quem lembra algumas "pérolas" que a sua mãe dizia, alguns provérbios, conselhos ou dicas que só uma mãe é capaz de falar para um filho como, por exemplo, manga com leite pode matar! Não faça caretas ao vento, você ficará assim para sempre! Etc. Anote o que os alunos forem falando durante as aulas. Comece por você. Depois, num próximo encontro, leve o cartaz e compartilhe com os alunos as pérolas mais esquisitas e engraçadas que surgiram.

Refinamentos e cuidados: nesta atividade não é necessário nomear quem citou a "pérola"; deixe que os próprios alunos revelem as autorias do cartaz.

O que você achou?

_____

_____

_____

_____

_____

_____

_____

_____

FESTAS JUNINAS

Geralmente as empresas decoram os ambientes. Aproveite a ocasião e verifique com a gerência uma melhor data para sua atividade. Dependendo da empresa, os alunos poderão inclusive se reunir para fazer um café da manhã tipicamente junino.

30 Correio cooperativo

Objetivos: comemorar os festejos juninos, descontração e cooperação.

Materiais: pequenos cartões da laboral (anexo) e música junina.

Desenvolvimento: o professor deverá promover uma aula divertida ao som de músicas juninas. Ao final ele deverá distribuir um "correio cooperativo" para cada participante e pedir que eles preencham rapidamente. Quando terminarem, o professor deverá recolhê-los e sorteá-los entre todos os participantes, assim cada um receberá um correio feito por um colega de trabalho.

Refinamentos e cuidados: o professor terá que programar o tempo destinado para a atividade; geralmente estas aulas juninas despertam muito interesse. Cuidado para ninguém receber seu próprio correio.

O que você achou?

_____

_____

_____

_____

_____

_____

_____

_____

DIA DOS PAIS

31 Presente imaginário

Como o Dia das Mães, o Dia dos Pais também deve ser comemorado. Que tal abusar da criatividade dos seus alunos?

Objetivos: comemorar o Dia dos Pais, descontração, integração e criatividade.

Materiais: nenhum.

Desenvolvimento: os alunos em círculo ou dispostos livremente no local da aula. O professor deverá solicitar aos participantes que imaginem um presente que gostariam de ganhar se já fossem pais, ou que gostariam de presentear os seus. Em seguida cada um deverá apresentar o presente somente por meio de gestos para o grupo e presentear alguém. Aquele que receber o presente apresenta o seu e escolhe quem irá ganhá-lo, e assim sucessivamente. **Refinamentos e cuidados:** sugiro que o professor inicie a atividade, assim o grupo se sentirá mais à vontade para participar.

O que você achou?

_____

_____

_____

_____

_____

_____

_____

_____

DIA DAS CRIANÇAS

Quem nunca foi criança? Nada melhor que comemorar este dia desenhando...

32 Rabiscarte (dinâmica destaque)

Objetivos: comemorar o Dia das Crianças, descontração e criatividade.

Materiais: papel sulfite (rascunho), lápis ou caneta.

Desenvolvimento: dispor um papel para cada aluno. O professor deverá lançar um desafio para os participantes:

eles deverão tentar desenhar qualquer figura, sem tirar a caneta do papel. O desafio é produzir os maiores detalhes possíveis no desenho.

Refinamentos e cuidados: nenhum.

O que você achou?

_____

_____

_____

_____

_____

_____

_____

_____

_____

_____

NATAL

As empresas sempre solicitam atividades para esta data, como nas festas juninas. Verifique com os gestores dos setores se haverá alguma atividade promovida pela empresa e se você pode contribuir com sua dinâmica.

33 Amigo secreto do movimento

Objetivos: comemorar o Natal, descontração, integração e relembrar as aulas do ano.

Materiais: filipetas em branco.

Desenvolvimento: em uma aula anterior à aula de natal, o professor deverá pedir a cada setor um presente (uma aula de ginástica laboral) de amigo secreto, por exemplo:

massagem, lúdica, resistência, dupla, materiais etc. Na aula seguinte estas deverão ser sorteadas entre os setores e aplicadas pelo professor.

Refinamentos e cuidados: nesta dinâmica o professor pode selecionar as melhores aulas para serem sorteadas, evitando também as aulas repetidas.

O que você achou?

_____

_____

_____

_____

_____

_____

_____

_____

_____

CONFRATERNIZAÇÃO UNIVERSAL

34 Votos para o ano-novo

Objetivos: confraternização, descontração e integração.

Materiais: música alegre.

Desenvolvimento: formar duplas, um de costas para o outro de mãos dadas, pedir a eles que caminhem pelo espaço. Ao sinal do professor, as duplas devem procurar outras duplas e trocarem votos para o novo ano. Quando a atividade já tiver alcançado uma boa troca entre as duplas, o professor deve lançar um desafio: a dupla deve trocar estes votos "desejos" para o novo ano entre elas, ou seja, agora a troca é com a sua própria dupla, sendo que ela não pode soltar as mãos ou girar o tronco para falar com outra dupla. Assim elas deverão procurar a cooperação com outras duplas para enviar a mensagem.

Refinamentos e cuidados: nenhum.

O que você achou?

Agora é com vocês!

Exercitem sua criatividade, criem sua própria dinâmica, verifiquem o segmento da sua empresa cliente, criem algo exclusivo para seu cliente.

Nome: _____
Objetivos: _____
Materiais: _____
Desenvolvimento: _____
Refinamentos e cuidados: _____

O que você achou?

_____

_____

_____

_____

_____

_____

_____

_____

E não se esqueçam de dividir com o Universo Lúdico da Ginástica laboral; enviem sua dinâmica para o grupo do facebook: *lúdico empresarial.*

Anexos

Atividade 3 Responda se puder...

Ficha apoio professor
Frases que poderão ser utilizadas:
"Atividade física pra mim é..."
"Esquecer o dia do meu aniversário de namoro é..."
"Meu animal de estimação é..."
"Minha sogra é muito..."
"O mais importante em minha família é..."
"O maior músculo da coxa é..."
"O que eu almocei ontem foi..."
"Eu gosto de..."
"Com a ginástica laboral eu me sinto..."

Atividade 9 Aluno, professor e coordenador

ALUNO	ALUNO	ALUNO
ALUNO	ALUNO	ALUNO
ALUNO	ALUNO	ALUNO
ALUNO	ALUNO	ALUNO
ALUNO	ALUNO	ALUNO
ALUNO	PROFESSOR	COORDENADOR

Atividade 24 Massagem contada

História da Chapeuzinho Verde

Essa é a história da Chapeuzinho Verde. Uma menina muito bonita, com longos cabelos pretos, bochechas rosadas e lábios vermelhos.

Chapeuzinho Verde tinha uma prima, a Chapeuzinho Vermelho. As duas meninas precisavam levar comida para a vovozinha que morava longe... e estava doente, sem forças para cozinhar ou fazer compras.

A mãe de Chapeuzinho Verde trouxe uma espécie de sacola azul. Dentro dela havia abacates verdes, suculentos tomates vermelhos, ovos brancos e vermelhos, vegetais verdinhos, além de pimentões verdes, vermelhos e amarelos.

Já a mãe de Chapeuzinho Vermelho surgiu com uma imensa cesta verde, e dentro havia lindas maçãs vermelhas, peras amarelas e verdes, pomelos rosados, deliciosas bananas maduras e algumas toalhas de banho verdes limpas e bem cheirosas. Ah, e umas velas vermelhas para prática da aromaterapia.

As meninas seguiam alegres pela floresta. Entraram mata adentro, tudo verdinho: árvores, plantas... Como havia flores vermelhas! E quantas rosas... Sabe de que cor? Rosas brancas, amarelas e... champanhe! Rosas cor de champanhe! Pena ter faltado rosas vermelhas...

O céu estava azul e tinha pontos cor de laranja e vermelho. Periquitos e maritacas verdes moldavam o céu e as árvores, formando um lindo dia! A casa da vovozinha era muito bonita, com galinhas amarelas, patos brancos e um porco marrom que morava no jardim.

Havia um lago azul com arbustos verdes em volta da casa. Ela era maravilhosa, mas simples. Com paredes cor de pérola e um lindo tapete vermelho na porta. As janelas também eram vermelhas. Vovó estava sentada em sua cama, com uma camisola verde. Estava até de batom vermelho!

Quando viu as meninas disse:

– Olá, minhas queridas netinhas. Trouxeram comida para esta pobre velhinha? Estou verde de fome e de saudades também!

– Mas vovó, a senhora está tão disposta... não está doente?, perguntou Chapeuzinho Vermelho.

– Estava doente..., respondeu a avó sorrindo!

– Quando soube que vocês duas viriam me visitar, passei a me sentir muito melhor e, de repente, SAREI! Estou rosada, corada e com as bochechas vermelhas!

Assim, todas foram para a cozinha verde da vovozinha e saborearam uma deliciosa refeição!

Atividade 25 Antes e Agora

	Antes	Agora
Educação física	_____	_____
Jogos de futebol	_____	_____
Leitura	_____	_____
Espreguiçamento	_____	_____
Diversão	_____	_____
Música	_____	_____

Atividade 30 Cartão cooperativo

Correio Cooperativo	Nesse arraiá desejo para você um dia para lá de _____ e que nas aulas de laborar você _____. Eu coopero com você e com sua saúde!

Referências

AWAD, H.Z. (2004). *Brinque, jogue, cante e encontre com a recreação*: conteúdo de aplicação pedagógica teórico-prático. Jundiaí: Fontoura.

CATUNDA, R. (2002). *Recriando a recreação*. 2. ed. Rio de Janeiro: Sprint.

FRANÇA, A.C.L. & RODRIGUES, A.L. (2002). *Stress e trabalho*: uma abordagem psicossomática. 3. ed. São Paulo: Atlas.

FRANGAKIS, A.S. et al. (2008). "A importância das atividades lúdicas em um programa de ginástica laboral". *Anais do 31º Simpósio Internacional de Ciências do Esporte* – Da teoria à prática, do fitness ao alto rendimento. São Paulo.

FRIEDMANN, A. (2011). *A arte de brincar*. 8. ed. Petrópolis: Vozes.

_____ (s.d.). *O papel do brincar na cultura contemporânea* [Disponível em: http://www.nepsid.com/artigos – Acesso em jul./2012].

KISHIMOTO, T.M. (org.) (2006). *Jogo, brinquedo, brincadeira e a educação*. 9. ed. São Paulo: Cortez.

LIMA, V. (2007). *Ginástica laboral*: atividade física no ambiente de trabalho. 3. ed. São Paulo: Phorte.

LUCKESI, C.C. (org.) (2007). *Educação e ludicidade* – Ensaios 04. Salvador: Universidade Federal da Bahia/Faculdade de Educação Gepel.

MAHEU, C.D. (org.) (2007). *Educação e ludicidade* – Ensaios 01. Salvador: Universidade Federal da Bahia/Faculdade de Educação Gepel.

MATURANA, H. & VERDEN-ZOLLER, G. (2006). *Amar e brincar*: fundamentos esquecidos do humano, do patriarcado à democracia. São Paulo: Palas Athena [Trad. de H. Mariotti e L. Diskin].

MAYER, C. (2007). *Dinâmicas de grupo e textos criativos*. Petrópolis: Vozes.

PIMENTEL, G.G.A. (2005). *Lazer*: fundamentos, estratégias e atuação profissional. São Paulo: Fontoura.

SILVA, T.A.C. & GONÇALVES, K.G.F. (2010). *Manual de lazer e recreação* – O mundo lúdico ao alcance de todos. São Paulo: Phorte.

ROSA, N.S.S. (2001). *Binquedos e brincadeiras*. São Paulo: Moderna.

COLEÇÃO PRATICANDO O BEM-ESTAR

Caderno de exercícios para superar as crises
Jacques Coulon
Caderno de exercícios para aumentar a autoestima
Rosette Poletti, Barbara Dobbs
Caderno de exercícios para saber desapegar-se
Rosette Poletti, Barbara Dobbs
Caderno de exercícios para aprender a ser feliz
Yves-Alexandre Thalmann

Caderno de exercícios para descobrir seus talentos ocultos
Xavier Cornette de Saint Cyr
Caderno de exercícios de meditação no cotidiano
Marc de Smedt
Caderno de exercícios de inteligência emocional
Ilios Kotsou
Caderno de exercícios para ficar zen em um mundo agitado
Erik Pigani

EDITORA VOZES

CULTURAL
- Administração
- Antropologia
- Biografias
- Comunicação
- Dinâmicas e Jogos
- Ecologia e Meio Ambiente
- Educação e Pedagogia
- Filosofia
- História
- Letras e Literatura
- Obras de referência
- Política
- Psicologia
- Saúde e Nutrição
- Serviço Social e Trabalho
- Sociologia

CATEQUÉTICO PASTORAL
Catequese
- Geral
- Crisma
- Primeira Eucaristia

Pastoral
- Geral
- Sacramental
- Familiar
- Social
- Ensino Religioso Escolar

TEOLÓGICO ESPIRITUAL
- Biografias
- Devocionários
- Espiritualidade e Mística
- Espiritualidade Mariana
- Franciscanismo
- Autoconhecimento
- Liturgia
- Obras de referência
- Sagrada Escritura e Livros Apócrifos

Teologia
- Bíblica
- Histórica
- Prática
- Sistemática

REVISTAS
- Concilium
- Estudos Bíblicos
- Grande Sinal
- REB (Revista Eclesiástica Brasileira)
- SEDOC (Serviço de Documentação)

VOZES NOBILIS
Uma linha editorial especial, com importantes autores, alto valor agregado e qualidade superior.

VOZES DE BOLSO
Obras clássicas de Ciências Humanas em formato de bolso.

PRODUTOS SAZONAIS
- Folhinha do Sagrado Coração de Jesus
- Calendário de Mesa do Sagrado Coração de Jesus
- Folhinha do Sagrado Coração de Jesus (Livro de Bolso)
- Agenda do Sagrado Coração de Jesus
- Almanaque Santo Antônio
- Agendinha
- Diário Vozes
- Meditações para o dia a dia
- Guia do Dizimista
- Guia Litúrgico

CADASTRE-SE
www.vozes.com.br

EDITORA VOZES LTDA.
Rua Frei Luís, 100 – Centro – Cep 25689-900 – Petrópolis, RJ – Tel.: (24) 2233-9000 – Fax: (24) 2231-4676
E-mail: vendas@vozes.com.br

UNIDADES NO BRASIL: Aparecida, SP – Belo Horizonte, MG – Boa Vista, RR – Brasília, DF – Campinas, SP
Campos dos Goytacazes, RJ – Cuiabá, MT – Curitiba, PR – Florianópolis, SC – Fortaleza, CE – Goiânia, GO
Juiz de Fora, MG – Londrina, PR – Manaus, AM – Natal, RN – Petrópolis, RJ – Porto Alegre, RS – Recife, PE
Rio de Janeiro, RJ – Salvador, BA – São Luís, MA – São Paulo, SP
UNIDADE NO EXTERIOR: Lisboa – Portugal